經典
少年遊

002

史記

史家的絕唱

Records of the Grand Historian
The Pinnacle of Chinese Historiography

繪本

故事◎林怡君

繪圖◎袁靜

《史記》是西漢司馬遷的著作，
內容記載了從黃帝
到漢武帝時期的歷史，
共分成《本紀》、《表》、《書》、
《世家》和《列傳》五個類型。
而李廣的故事就記載於
《列傳》裡的〈李將軍列傳〉。

3

漢朝有個非常有名的將軍，名為李廣，箭術絕佳。有次他外出打獵，把巨石看成老虎，射完箭走近一看，才發現箭頭深陷石頭裡，拔也拔不出。漢文帝時，他靠著奇佳的箭術對抗匈奴，立下許多功勞而成為中郎。

匈奴對漢朝而言是心頭大患。

漢高祖曾和匈奴交戰，

被困在平城，

這一場敗戰成了漢朝百餘年

都抹不掉的汙點。

為了維持和平，當時國力不盛的漢朝，

必須忍辱以和親方式臣服在匈奴之下，

還得送給匈奴許多財物。

8

漢武帝時，漢朝已有足夠的力量可以
對付匈奴。武帝派了宦官到上郡來跟
李廣學習對抗匈奴的軍事技巧。有一
天，宦官帶了幾十個士兵外出，途中
遇到三個匈奴人，雙方打了起來。宦
官負傷，士兵幾乎被殺死。

負傷的宦官逃回來向李廣報告情況，
李廣說：「那一定是匈奴的射鵰能手！」
便派幾百人去追趕那三人。
最後李廣拿弓箭射死其中兩人，
活捉一人。詢問之後，
得知他們果然是匈奴的射鵰能手。

李廣才剛把俘虜綁在馬上，
就看見遠方來了數千名匈奴騎兵。
匈奴騎兵看到李廣時，
誤以為是敵軍誘敵的伎倆。

為了不上當，
他們衝上山頭，擺好陣勢。
李廣的部下十分害怕，
想趕快回到軍營。

李廣告訴部下：「如果往回跑，就會被匈奴的亂箭射死；留下來反而會讓匈奴以為我們是在『誘敵』，所以我們要保持冷靜。」李廣命令部屬前進，還要他們全都下馬，拆下馬鞍，展現出絕對不逃跑的樣子。

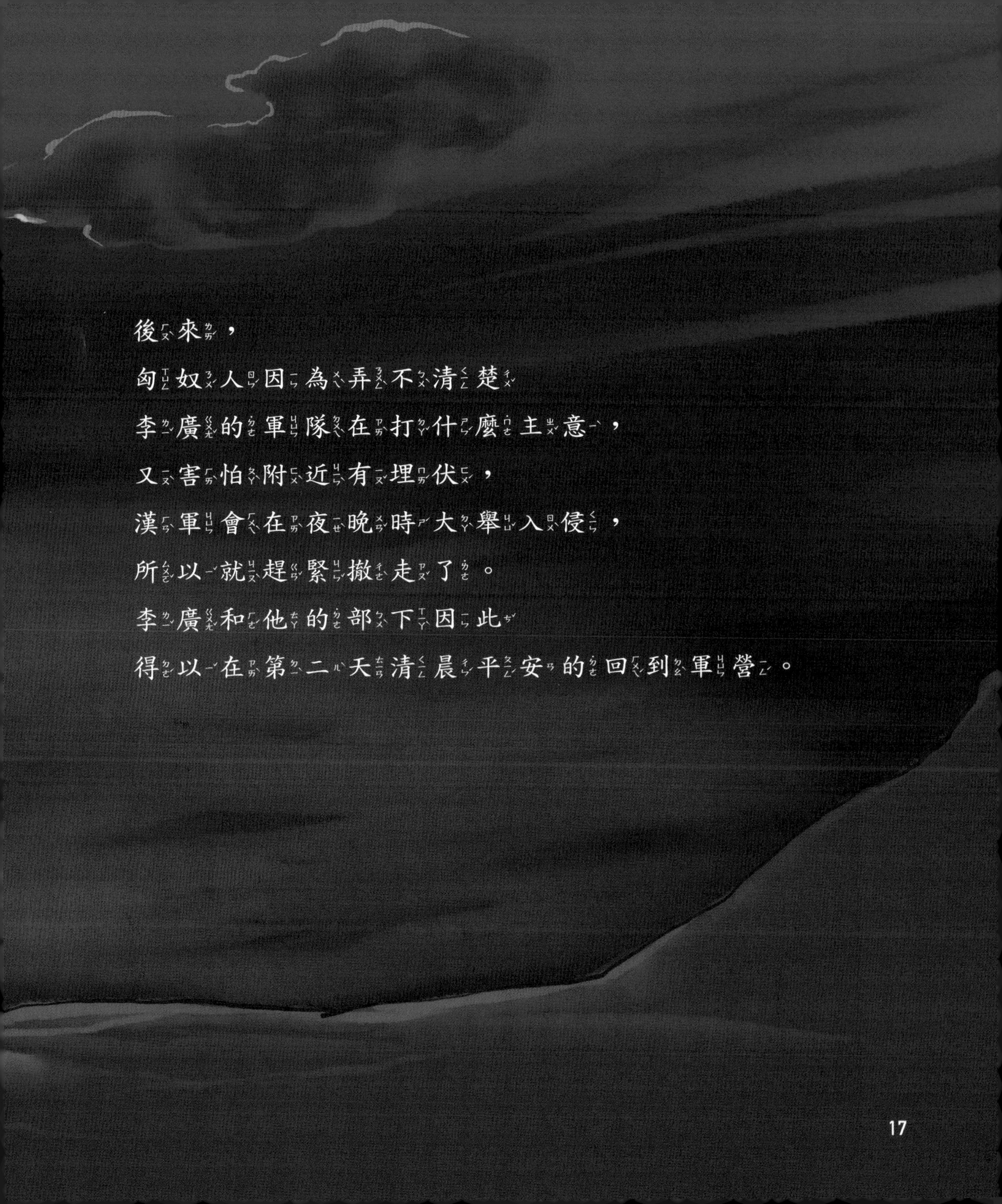

後來，

匈奴人因為弄不清楚

李廣的軍隊在打什麼主意，

又害怕附近有埋伏，

漢軍會在夜晚時大舉入侵，

所以就趕緊撤走了。

李廣和他的部下因此

得以在第二天清晨平安的回到軍營。

漢武帝時，

李廣調入朝廷當了未央宮的衛尉。

他一有好東西和賞賜都會分給士兵，

食物、飲水都讓士兵先用。

他的帶兵方法不過分嚴格，

士兵都願意為他拼命；

而他的戰略讓匈奴十分害怕，

士兵都很願意跟隨李廣。

18

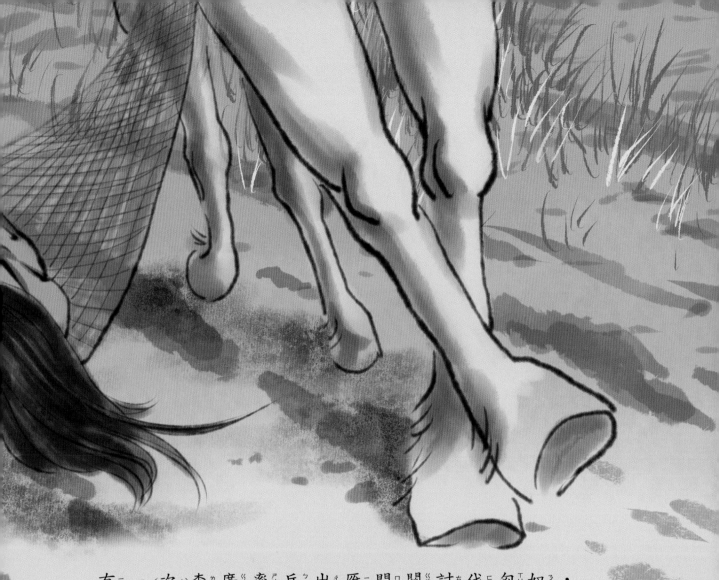

有一次李廣率兵出雁門關討伐匈奴，
因為兵力上的懸殊，李廣戰敗了。
匈奴士兵活捉了李廣。
李廣一邊裝死，一邊等待機會脫逃。
趁著士兵的疏忽，他立刻一躍而起，
搶走了匈奴士兵的馬和弓箭。

21

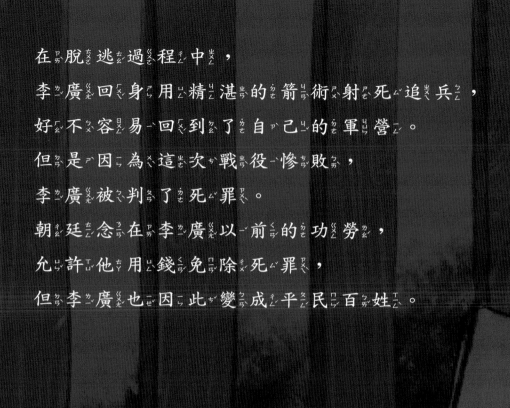

在脫逃過程中，
李廣回身用精湛的箭術射死追兵，
好不容易回到了自己的軍營。
但是因為這次戰役慘敗，
李廣被判了死罪。
朝廷念在李廣以前的功勞，
允許他用錢免除死罪，
但李廣也因此變成平民百姓。

後來漢武帝又重新任用了李廣，
李廣也沒有讓漢武帝失望，
他的威名遠播，
匈奴人都稱他為「飛將軍」。
一聽到他的名號，匈奴都十分畏懼，
連續好幾年都不敢隨便侵擾他的駐地。

漢武帝沒有忘記當時高祖曾受到的委屈，
一心想雪恥復仇。
當時漢朝國力強大，
要對付匈奴不是問題，
對於邊境紛擾更不可能坐視不管。
李廣因此參與過許多征戰，
立下不少汗馬功勞，
然而卻始終沒有封侯。

雖然未能得到想要的賞賜，但李廣對平定匈奴始終有著滿腔熱血。他向漢武帝請求跟隨衛青、霍去病攻打匈奴。起初武帝認為他老了，不同意讓他去。後來，禁不起他百般懇求，終於同意，還讓他擔任重要的「前將軍」一職。

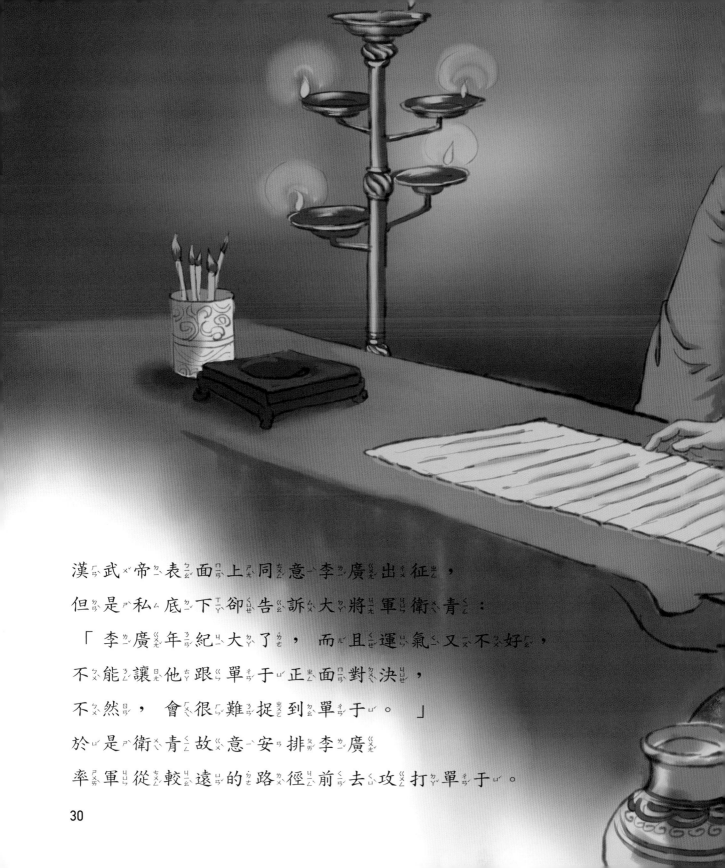

漢武帝表面上同意李廣出征，
但是私底下卻告訴大將軍衛青：
「李廣年紀大了，而且運氣又不好，
不能讓他跟單于正面對決，
不然，會很難捉到單于。」
於是衛青故意安排李廣
率軍從較遠的路徑前去攻打單于。

李廣聽到指示後， 立刻向衛青請求：
「我和匈奴作戰數十年，
今天終於可以和單于對戰，
請將軍讓我打頭陣， 即使戰死我也無憾！」
但是為了遵從皇帝指示，
並把戰功留給自己和好友公孫敖，
衛青當然沒有答應。

34

李ㄌㄧˇ廣ㄍㄨㄤˇ雖ㄙㄨㄟ然ㄖㄢˊ不ㄅㄨˋ願ㄩㄢˋ意ㄧˋ，但ㄉㄢˋ仍ㄖㄥˊ必ㄅㄧˋ須ㄒㄩ服ㄈㄨˊ從ㄘㄨㄥˊ軍ㄐㄩㄣ令ㄌㄧㄥˋ，
他ㄊㄚ帶ㄉㄞˋ著ㄓㄜ˙軍ㄐㄩㄣ隊ㄉㄨㄟˋ往ㄨㄤˇ東ㄉㄨㄥ路ㄌㄨˋ出ㄔㄨ發ㄈㄚ。
由ㄧㄡˊ於ㄩˊ沒ㄇㄟˊ有ㄧㄡˇ嚮ㄒㄧㄤˋ導ㄉㄠˇ，再ㄗㄞˋ加ㄐㄧㄚ上ㄕㄤˋ迷ㄇㄧˊ路ㄌㄨˋ，
最ㄗㄨㄟˋ後ㄏㄡˋ未ㄨㄟˋ能ㄋㄥˊ準ㄓㄨㄣˇ時ㄕˊ抵ㄉㄧˇ達ㄉㄚˊ前ㄑㄧㄢˊ線ㄒㄧㄢˋ與ㄩˇ衛ㄨㄟˋ青ㄑㄧㄥ的ㄉㄜ˙部ㄅㄨˋ隊ㄉㄨㄟˋ會ㄏㄨㄟˋ合ㄏㄜˊ。
無ㄨˊ功ㄍㄨㄥ而ㄦˊ返ㄈㄢˇ的ㄉㄜ˙衛ㄨㄟˋ青ㄑㄧㄥ，
在ㄗㄞˋ歸ㄍㄨㄟ途ㄊㄨˊ時ㄕˊ才ㄘㄞˊ遇ㄩˋ到ㄉㄠˋ李ㄌㄧˇ廣ㄍㄨㄤˇ一ㄧ行ㄒㄧㄥˊ人ㄖㄣˊ。

衛青要寫報告向武帝說明出兵狀況，
於是命令李廣接受查問，
但李廣不回應。李廣對部下說：
「我從年輕到現在，和匈奴交戰七十多次，
終於可以和單于一決生死，
偏偏大將軍要我繞遠路，
而我們又迷了路，這不是天意嗎？」

37

李廣覺得自己已經是六十多歲的老人，
也無法再和那些官吏們爭辯，
於是便拔刀自刎而死。
李廣的部下知道後全都放聲大哭，
百姓們不管男女老幼，
全都因為李廣的死而哀慟不已。

《史記》中的《列傳》呈現出各個歷史人物與種種社會樣貌。透過〈李將軍列傳〉，我們可以知道李廣是個擁有忠誠之心的勇將；也可發現，其實在《史記》的故事裡，充滿著中原漢民族與各方外族之間的各種互動關係。

史記

史家的絕唱

讀本

原典解説◎林怡君

司馬遷的《史記》環繞著人物刻劃歷史，是中國第一部「紀傳體」史書，究竟有哪些人成就了這位偉大的歷史學家？

TOP PHOTO

司馬遷（公元前 145 年或前 135 年～前 86 年）生於龍門（今陝西韓城），年輕時曾遊歷各地，長大後追隨父親司馬談的腳步，為朝廷寫歷史。他為李陵辯護而遭受酷刑，後來發憤寫書，完成了中國第一部紀傳體通史——《史記》。

司馬遷

相關的人物

漢武帝

漢武帝是漢朝的第七位皇帝。漢初的休養政策使國家恢復了元氣。漢武帝即位後便改變政府的治理策略，積極提倡儒學，改革制度，開闢財源，並且主動攻擊匈奴，將漢朝國力推向高峰。而漢朝的武將李陵卻在出兵匈奴後投降，只有司馬遷敢替李陵辯護。因此漢武帝便遷怒於他，使他遭受酷刑。

李陵出身於軍人家庭，他的祖父李廣很受匈奴敬畏，被稱為「漢之飛將軍」。李陵的五千步兵在一次出征匈奴時，於沙漠碰到匈奴大軍，雖然重挫敵人，卻因為缺乏支援而投降。漢武帝知道以後非常生氣，便處死他的家人，並連帶懲罰為李陵求情的司馬遷。右圖為明朝陳洪綬所繪〈蘇李泣別圖〉，描繪李陵投降後被匈奴派往北海勸降蘇武，但是蘇武不為所動，李陵只好與蘇武泣別的情景。

TOP PHOTO

司馬錯是秦惠王的將軍，也是司馬遷的八世祖。他曾極力建議秦惠王先攻打蜀國，利用其自然資源充實秦國，再解決東方六國的問題。

司馬談是司馬遷的父親，在漢武帝時期擔任太史令，掌管天文曆法與典籍保存的工作。司馬談的心願是寫一部從孔子時代到漢初的史書，但還來不及完成便去世，在臨死前把這個任務託付給他的兒子司馬遷。

東方朔是西漢的辭賦家。漢武帝曾下詔求人才，東方朔便推薦自己。他不但非常機智，講話又非常詼諧，所以漢武帝很喜歡他。司馬遷完成《史記》時，一開始並沒有書名，他將書稿拿給東方朔看，東方朔十分讚嘆，就將此書命名為《太史公書》。

王國維是近代的國學大師。他透過研究甲骨文，證實了《史記》中關於商朝的記載，也訂正了《史記》的錯誤。

司馬遷受到酷刑，卻不畏困難，發憤著書，
只為了完成《史記》這部巨作。

TOP PHOTO

張騫出使

相關的時間

公元前 139 ～前 119 年

漢武帝時，張騫兩度奉命出使西域，企圖說服大月氏、烏孫與漢朝合作，共同對付匈奴。
雖然張騫的任務沒有成功，卻從此開啟中西的交流，因此歷史學家便用「鑿空」兩字表示
張騫的貢獻。上圖為敦煌莫高窟中的壁畫，描繪漢武帝派遣張騫出使西域大夏國的情景。

TOP PHOTO

學習古文

公元前 135 ～前 125 年

司馬遷十歲開始學習古文字，因為許多史書都是以籀文寫成，而不是當時
通用的隸書。他也向經學大師董仲舒學習《公羊春秋》，向孔安國（左圖）
學習古文《尚書》。由此奠定了學識基礎。

公元前 126 ～前 116 年

司馬遷十九歲時由長安出發，遊歷了長江淮河流域以及中原地區，採集了各地的風俗民情與傳說故事，並且詳加考察。這些經歷為他之後撰寫《史記》提供了許多豐富的題材與資料。

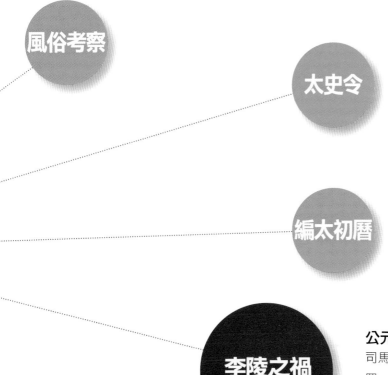

風俗考察

太史令

編太初曆

李陵之禍

完成史記

公元前 108 年

司馬遷繼承了父親司馬談的太史令職位。在漢朝，太史令的重要性已經大為降低。對皇帝而言，他們的角色甚至和巫師、舞者沒有兩樣。

公元前 104 年

漢初使用的《顓頊曆》逐漸失去精確性，因此漢武帝徵召天文學家改革曆法，最後採用落下閎的《太初曆》，是中國歷史上有文字可考的第一部曆法。司馬遷也參與了編曆的工作，完成後才開始寫作《史記》。

公元前 99 年

司馬遷為李陵辯護而被判死刑，只能靠兩種方法脫罪：其一是付罰款，其二是受宮刑。司馬遷付不出罰款，為了完成《史記》，只好接受屈辱的宮刑。

公元前 91 年

司馬遷寫信給朋友，提到自己已經完成《史記》，打算用這本書「探究自然和人事的相互關係，弄清古今的歷史變化，成立自己的學說」。完成《史記》之後，司馬遷便行蹤成謎。

司馬遷繼承父親遺志，努力克服悲慘的命運，完成《史記》。

漢武帝在位時，命令司馬遷與落下閎等人編訂太初曆，取代不精確的顓頊曆。它以一月為歲首，改變秦朝以十月為歲首的習慣；也將節氣編入曆法，對農耕具有極大用處。太初曆使用了快兩百年，到東漢才被三統曆取代。

西周、春秋時代有太史，屬於朝廷大臣，負責重要文書的製作、記載歷史、天文曆法與祭祀。秦、漢則設太史令，但重要性大為降低，只負責天文曆法，性質相當於官方的天文學家。司馬遷在父親過世三年後，獲得太史令的職位。

太史令

太初曆

相關的事物

史記

TOP PHOTO

漢朝有太史令，而無太史公，為什麼後人要稱司馬遷為太史公呢？「公」是當時常用的尊稱，司馬遷以父親曾當過太史令，便用太史公尊稱此一官職。而《史記》起初也稱《太史公書》。因此後人便以太史公來稱呼司馬遷。上圖為湖南寧遠縣文廟大成殿外牆上所題刻的《史記世家》。

宮刑也稱腐刑，是破壞犯人的生殖器官，使其再也無法生育後代的殘忍刑罰。在西周以後成為固定的刑罰，是僅次於死刑的懲罰方式。司馬遷得罪漢武帝，結果被處以宮刑。

宮刑

中書令

中書令、尚書令原本是皇帝身邊的秘書，漢武帝在位時，開始將決策的重心移往這些官員，以削弱宰相的權力。司馬遷被特赦後擔任中書令，地位高於太史令，但這些職位通常是由宦官擔任，因此被他視為奇恥大辱。

紀傳體

《史記》以前的史書，如《春秋》、《左傳》採用編年體，依時間順序記載歷史；而《國語》、《戰國策》採取國別體，記載國家的歷史；《史記》則以歷史人物為中心書寫歷史，被稱為紀傳體，也成為以後官方史書的範本。

竹簡

司馬遷的《史記》多達五十二萬字，他是寫在什麼材料上面呢？當時常見的書寫材料有兩種：一種是經過裁剪的絹帛，稱幡紙；另一種則是較便宜的竹簡。司馬遷寫《史記》沒有受到朝廷的贊助，所以應該是寫在竹簡上面。右圖為由敦煌懸泉置遺址所出土的西漢時期《康居王使者冊》竹簡。中國國家博物館古代中國陳列展。

司馬遷讀萬卷書、行萬里路，為寫作《史記》收集了龐大的材料。

TOP PHOTO

司馬遷生於龍門，也就是今日的陝西韓城。根據《史記》自序中所描述，他十歲的時候就在此地「耕牧河山之陽」、「誦古文」，從小便過著半耕半讀的生活。上圖為今日韓城境內的司馬遷祠墓。

龍門

相關的地方

長安

巴蜀

司馬遷青年時期，舉家遷移到長安的茂陵顯武里。並開始跟孔安國學習《尚書》，跟董仲舒學習《公羊春秋》。司馬遷也是在長安開始收集資料編寫《史記》一書。今日在通往韓城司馬遷祠的路途中，有一條司馬坡，就是古代通往長安很重要的一條通道。

司馬遷曾以郎中將的身分西征巴蜀，到達了邛（四川西昌）、筰（四川漢源）以及昆明一帶。司馬遷這次出使，詳細考查當地的風俗民情，為日後寫作〈西南夷列傳〉、〈貨殖列傳〉累積了豐富的資料。

臨淄江淮

司馬遷早年曾遊歷各地，尤其是江淮一帶，探訪許多歷史人物的家鄉。例如他去長沙，看屈原投江的地方、到會稽調查大禹治水的傳說，到淮陰看韓信母親的墓地，到齊魯參觀孔子的廟堂。足跡遍及大江南北，收集了許多人物傳記的材料。

周南

TOP PHOTO

周南位於今天的洛陽，而廣義的周南，則是指河南陝縣以東的地區。司馬遷的父親因無法跟漢武帝去封禪典禮，只能留在周南，後來抑鬱而終。他在臨死前將完成《史記》的心願託付給司馬遷。上圖為河南陝縣特有的民居 —— 地坑院。

浚稽山

李陵的軍隊在浚稽山遇到匈奴的騎兵，因為寡不敵眾，最後只好投降，被漢武帝治罪。司馬遷就是為了替好友李陵求情，才連帶受罰。浚稽山就位在今日蒙古人民共和國的土拉河、鄂爾渾河上源以南一帶。

泰山

泰山是五嶽之首，位於山東省中部，歷代君王時常在此設壇祭祀。司馬遷完成出使巴蜀的任務以後，隔年便隨漢武帝出巡。先到泰山參加封禪大典，然後東巡海上，隨後前往北方邊境，巡視從匈奴手中奪回的土地。這些經歷為他寫〈封禪書〉、〈秦始皇本紀〉、〈蒙恬列傳〉收集到許多材料。

李廣

　　《史記》是由漢朝司馬遷所著，內容記載著從漢武帝以來三千多年的歷史。司馬遷首創「紀傳體」，顛覆過去的歷史著作以時間或事件為本位的寫作方式，改以人為本位來記載歷史；所記錄的人物也不像以往的史書，多是上層社會、政治人物，而是擴大到社會中下層的人士，因此呈現出更完整的社會風貌。

　　《史記》的文章多由兩個部分組成：一是正文。這部分是描述人物的生平，司馬遷用發生在人物身上的故事，刻劃出歷史的脈絡；二是評論或感想。這部分多以「太史公曰」開頭，而太史公指的當然就是司馬遷自己，裡頭的內容以評論題材人物的性格與行事為主。

　　《史記》內容可分為《本紀》、《表》、《書》、《世家》和《列傳》五個類型。其中《列傳》呈現的是歷史上各類人物

太史公曰：傳曰「其身正，不令而行；其身不正，雖令不從」。— 《史記‧李將軍列傳》

的歷史表現與社會的種種樣貌，而〈李將軍列傳〉講的就是李廣的故事。在七十篇列傳中，司馬遷常於標題中直呼人物名稱、爵位；但卻用了「李將軍」來稱呼李廣，由此可看出他對李廣的崇敬之心。

中國儒家傳統的教育體系中，六藝是學生必須要會的六種基本才能，包含：禮、樂、射、御、書、數，其中射就是射箭；而李廣善射，這點在《史記》裡，被提了有十一次之多，司馬遷用善射說明了李廣的武藝，並表現他的神勇。

司馬遷引用《論語》中的「其身正，不令而行；其身不正，雖令不從」作為對李廣的評論。這句話的意思是：「自己的行為端正，即使不下命令，別人也會跟著執行；自己的行為不端正，即使下命令，別人也不聽從」。他大大讚揚了李廣的人品。認為李廣行為端正，又有忠誠之心，雖然壯志未酬，可是所作所為，卻感動了許多人們。

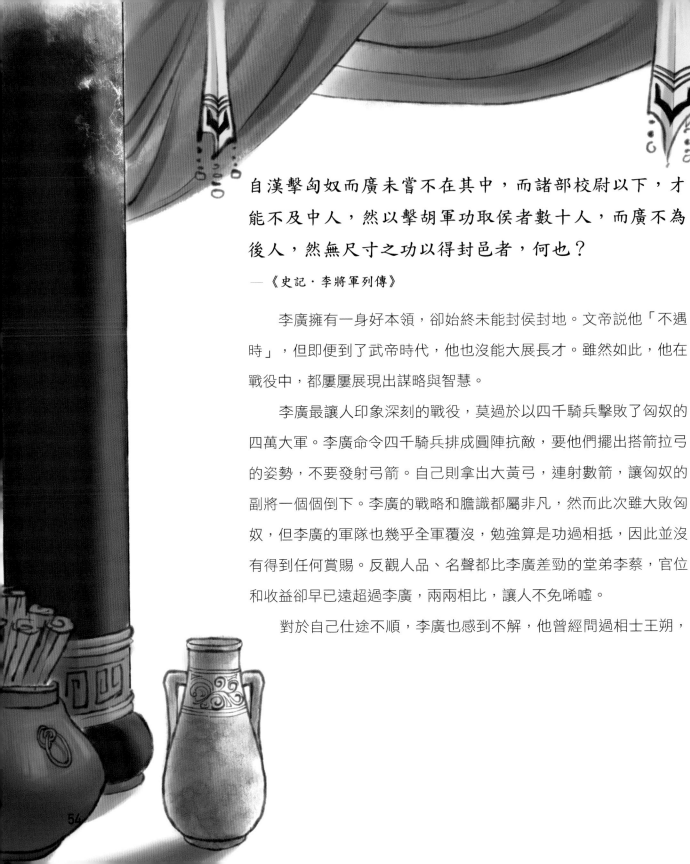

自漢擊匈奴而廣未嘗不在其中，而諸部校尉以下，才能不及中人，然以擊胡軍功取侯者數十人，而廣不為後人，然無尺寸之功以得封邑者，何也？

——《史記‧李將軍列傳》

李廣擁有一身好本領，卻始終未能封侯封地。文帝說他「不遇時」，但即便到了武帝時代，他也沒能大展長才。雖然如此，他在戰役中，都屢屢展現出謀略與智慧。

李廣最讓人印象深刻的戰役，莫過於以四千騎兵擊敗了匈奴的四萬大軍。李廣命令四千騎兵排成圓陣抗敵，要他們擺出搭箭拉弓的姿勢，不要發射弓箭。自己則拿出大黃弓，連射數箭，讓匈奴的副將一個個倒下。李廣的戰略和膽識都屬非凡，然而此次雖大敗匈奴，但李廣的軍隊也幾乎全軍覆沒，勉強算是功過相抵，因此並沒有得到任何賞賜。反觀人品、名聲都比李廣差勁的堂弟李蔡，官位和收益卻早已遠超過李廣，兩兩相比，讓人不免唏噓。

對於自己仕途不順，李廣也感到不解，他曾經問過相士王朔，

為什麼自己始終無法封侯？王朔給他的回答是，因為他曾經殺害已經投降的羌人。王朔認為「殺降不祥」造成了禍端，才導致李廣無法封相。不論王朔的推論是否屬實，但卻可在司馬遷的文字中，嗅得出一絲「英雄惜英雄」的味道。

司馬遷常在失敗者身上看到自己的影子，因此為這些人作傳時，往往融入自己的感情，〈李將軍列傳〉即是一例。他將懷才不遇的心情投射在也有類似遭遇的李廣身上，字裡行間為李廣抱不平的同時，也正在默默抒發自己的不遇心情。〈李將軍列傳〉富有悲劇性色彩，透露出司馬遷寫作此篇列傳時，蘊含著豐沛情感；而悲劇性的結局，讓人們為李廣悲嘆，也讓李廣長活人們心中。

司馬遷因為替李廣的孫子李陵投降匈奴一事辯護，激怒了漢武帝，而被處以宮刑，也因為這巨大的苦痛磨難，讓他開始寫作對後來文學、史學皆有重大影響的《史記》。這也是為什麼司馬遷會對李廣或其他悲劇性角色有諸多同情的原因吧！

衛青

　　對《史記》頗有見解的宋朝人黃震在自己的著作《黃氏日鈔》中說：「凡看衛霍傳，須合李廣看。衛霍深入二千里，聲振華夷，今看其傳，不值一錢。李廣每戰輒北，困躓終身，今看其傳，英風如在。」由此更證明《史記》中的故事，看似獨立，實則相關，衛青、霍去病和李廣，三者生命互有連結；也可看出，司馬遷在描寫這三名漢朝時期對抗匈奴的大將，筆法確實有所不同。

　　司馬遷在〈衛將軍驃騎列傳〉中，一開頭就點出了衛青的卑微出身，他直白的寫出，衛青是鄭季和平陽侯家的婢妾衛媼私通所生下的孩子。爹不疼娘不愛，也不被手足接受的衛青，很清楚自己的地位，年少的他對自己頗無自信。

　　有次他跟著人到監獄去，有個會看相的囚犯對他說：「你是個貴人，將來會封侯。」衛青聽到沒有一絲欣喜，反而還回答：「我是奴婢所生的孩子，只要不被打罵就感到知足了，哪有可能封侯

大將軍遇士大夫有禮，於士卒有恩，眾皆樂為之用。
騎上下山若蜚，材幹絕人。 ——《史記·淮南衡山列傳》

呢？」後來，衛青果然封侯，也成了抵抗匈奴的大將軍。會看相的
囚犯或許鐵口直斷，但司馬遷則是點出了衛青的平步青雲和同父異
母的姊姊——衛子夫，受到皇帝寵愛，是絕對脫不了關係。

　　裙帶關係也好，運氣甚佳也罷，有了表現機會的衛青，才剛擔
任車騎將軍，就破了匈奴的聖地龍城。龍城是匈奴祭祀天地、祖先
和神鬼的地方。當龍城被攻破後，對匈奴起了極大的嚇阻作用，匈
奴好一陣子不敢輕舉妄動。

　　表現受到漢武帝肯定的衛青，懂得侍君之道；武術精湛的他，
在馬上英姿煥發，但在遇見士大夫依舊能保持禮貌，而且對士兵們
都照顧有加，因此他們也都心甘情願的跟隨他，一同為國家效命。
他的騎術精良，上下山都十分穩健，疾馳如飛，且才幹過人，可說
是漢朝十分傑出的將軍。

於是大將軍令武剛車自環為營，而縱五千騎往當匈奴。匈奴亦縱可萬騎。會日且入，大風起，沙礫擊面，兩軍不相見。 ── 《史記·衛將軍驃騎列傳》

　　衛青在攻打匈奴時，屢創佳績，甚至在元朔二年的戰役凱旋歸來時，漢武帝已經派使者拿著「大將軍」的印信在邊境等待。一旦有了大將軍的印信，就可統治各路將領和部隊，權勢甚高。武帝給予衛青如此豐厚的賞賜，就連衛青襁褓中孩子也都被封侯，當時只要是跟隨衛青的部下，都得到了賞賜。

　　不過之後導致李廣自刎結束一生的漠北戰役，也是衛青仕途走下坡的開始。我們在〈李將軍列傳〉中看見李廣被衛青要求從東路往北和衛青所帶領的主力軍隊會合，但因無嚮導又迷路，導致抵達的時間有所延誤。而衛青所帶領的軍隊在當時又遇到什麼情況？這就得看看〈衛將軍驃騎列傳〉的描述，才能拼湊出這場讓李廣不得不以自刎結束一生的戰役的全貌了。

　　原來，匈奴的首領 ── 單于，算準了漢軍越過沙漠時，面對惡

劣的氣候和環境，人馬必定疲憊不堪，到時一定可以輕而易舉的就將漢軍擊敗。單于早就列陣等待漢軍的到來。而衛青一看到匈奴軍隊的陣仗，立刻下令把武剛車，也就是古代的一種戰車，環扣在一起當作堡壘。當時太陽就要落下了，加上大風捲起了大片黃沙，兩軍相接卻怎麼也看不清楚彼此。單于眼看情勢不對，不等天黑就逃跑了，衛青一得知消息，就派輕騎兵去追捕，自己也立刻率領大軍向前，但最後仍無所獲。

對衛青而言，迷路的李廣沒能及時與他會合，是造成苦戰且戰敗的主因，然而，實際上漢武帝將精銳的士兵全都分給在此場戰役中的驃騎將軍霍去病（衛青外甥）。因此人力不足的情況下，衛青在與單于的這場對戰中，無法取得優勢。而霍去病在攻打匈奴的左翼部隊時，所殺死和俘虜的敵人則多於衛青。當時的封侯行賞是依據殺死和俘虜的人數，因此，即便在戰場的表現如何臨危不亂，如何運籌帷幄，只要皇帝不夠寵愛，「人數」不夠，那麼一切都是空談。衛青的聲勢也就由此開始下跌。

漢武帝

　　漢武帝在處理「討伐匈奴」這個問題時，並不是純粹的在實行「外攘夷狄」的政策，其實在討伐匈奴的行動中，還隱含著他復仇雪恥的目的。

　　「平城之憂」的背景是指漢高祖親自率軍征伐匈奴的平城之役。雖是皇帝率軍親征，但漢軍卻慘敗，還被困在白登山七天，史稱「白登之圍」。逃回來後，漢朝與匈奴的關係自此改變。漢朝對匈奴開始採取「和親政策」，將宗室的女子以公主的身分嫁給匈奴，以換取和平。這個政策對漢朝來說十分屈辱，這是漢匈關係不對等的開始。平城一戰對漢朝而言，相當於國恥。

　　我們可以看見，司馬遷在寫到「平城之役」時，對於戰爭的結果並沒有明確說明，讀者單從文字上是看不出漢高祖到底用了什麼計策才讓匈奴釋放他。這是因為作為一名史官，司馬遷在處理漢匈關係時，必須有所拿捏，以避免觸碰敏感的政治問題；加上他自己

天子意欲遂困胡，乃下詔曰：「高皇帝遺朕平城之憂，高后時單于書絕悖逆。昔齊襄公復九世之讎，春秋大之。」——《史記‧匈奴列傳》

為李陵投降匈奴一事辯護，導致遭受宮刑。要如何不在書寫過程中，涉入過多私人情感，保持客觀，又是一個難題。對於這個難題，司馬遷的解決方式是他在〈太史公自序〉中所提到的「隱約欲遂其志之思」。「隱約略寫」成了他明哲保身又不失專業的解套方式。

　　對於敏感問題採取「隱約略寫」的書寫方式，也可在單于寫信給呂后這件事上看出端倪。我們僅看見「悖逆」二字，卻沒有看見兩者書信往來的內容。其實單于藉著漢高祖去世，用書信羞辱漢高祖之妻呂后，信裡不但宣揚自己國威，更向呂后表達求婚之意；而呂后只能委婉謝絕單于。司馬遷未收錄此段內容，就可知其刻意迴避的苦心。

　　背負一雪平成之恥與呂后遭受羞辱的國仇大任，漢武帝以此為動機，後來對匈奴展開了一連四十年的征戰。

大將軍青亦陰受上誡，以為李廣老，數奇，
毋令當單于，恐不得所欲。——《史記·李將軍列傳》

元狩四年的漠北戰役，李廣好不容易向漢武帝爭取到參戰的機會，一心一意想要正面迎戰單于，打他個落花流水。無奈，漢武帝早在出發前就私底下告訴大將軍衛青，不要讓命運不好又年老的李廣和單于對戰，免得影響戰事。

另外，衛青也希望好友公孫敖能夠和他一起迎戰單于，共享榮耀，所以自然順水推舟的將李廣調派到非主力的部隊。這個決策對李廣來說，算是扎扎實實吃了一記悶棍，有苦難言。李廣被迫從較遠的東道進攻，因而迷路，未能立下戰功。為了不想再與刀筆吏有所牽扯，最後自刎結束悲劇性的一生。

李廣的一生，剛好經歷了文帝、景帝、武帝，也見證了漢朝對待匈奴政策的轉變。表面上看起來，李廣似乎真的是因為運氣不好才會一生不得封侯；而他一生最大的抱負 —— 與單于決一死戰 ——

終究無法達成，也似乎和運氣不好脫不了關係。然而，司馬遷卻在文字裡，為李廣找到了另一個出口。

原來，漢武帝為了一雪平城之恥，勢必要培訓一批精兵，而精兵的來源多是「隴西北地良家子能騎射者」，也就是天水、隴西、安定、北地、上郡、西河等六郡一帶的人。六郡屬於草原文化和農業文化的過渡區，當地的居民較中原居民更能適應邊境的氣候環境，和匈奴作戰時，就不會出現水土不服而耗損兵力的情況。

李廣就是六郡子弟從軍的代表。司馬遷透過李廣，反映出六郡子弟在對抗匈奴的征戰中，立下許多功績，卻無法獲得實質的鼓勵和尊敬；反觀外戚出身的衛青和霍去病，總是獲得漢武帝的寵愛和賞賜。加上漢武帝在征戰匈奴時，幾乎耗盡了前兩任皇帝，文帝、景帝休養生息共七十多年的積蓄。千萬百姓也因為戰事，死於沙場。也難怪司馬遷雖然明言指出，皇帝治理國家一定要任用好的將軍和宰相，並未對征伐匈奴給予否定評價，卻也隱約透露出對漢武帝好大喜功又勞民傷財的指責。

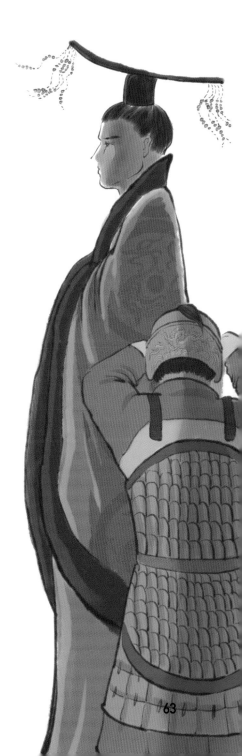

匈奴

　　《史記》中的〈匈奴列傳〉是十分完整的少數民族發展史。司馬遷在〈匈奴列傳〉中記載了匈奴的歷史變遷、風土民情，以及秦漢以來與匈奴的關係。〈匈奴列傳〉的頭一句是「匈奴，其先祖夏后氏之苗裔也，曰淳維」，可看出司馬遷認為匈奴和漢民族是來自同一個血脈，也認為匈奴是大漢帝國組成的一分子，而展現出四海一家，民族大一統的想法。但這大一統的想法是成立於你認同我的文化的基準上，你接受我的文明，你才能「由夷變夏」。

　　「夷」是漢民族對異族的貶稱，這些異族分布於中國的周邊，分別有西戎、北狄、南蠻、東夷，統稱為四夷。他們的生活習慣和漢族不同，又時常挑釁漢族，且每當中國衰弱時，蠻夷就趁機入侵，造成漢民族的災難。

寬則隨畜，因射獵禽獸為生業，急則人習戰攻以侵伐，其天性也。其長兵則弓矢，短兵則刀鋋。利則進，不利則退，不羞遁走。苟利所在，不知禮義。

——《史記‧匈奴列傳》

　　由於司馬遷是漢朝的史官，在書寫少數民族時，自然站在漢民族的立場。對漢民族而言，中國和四夷合起來就是天下。漢民族一直以來，都有著民族的優越感，認為自己是禮義之邦，文化高於他族。從司馬遷撰寫的《史記》裡，也可以略窺一二。

　　司馬遷在描述匈奴的天性時，認為匈奴人只有在情勢緊急時才會習武打仗，平時則都是以放牧牛羊、打獵為主；打仗時，一旦獲得勝利就會進攻，失敗時就會退縮，而且也不以逃跑為恥。司馬遷還下了結論，認為「匈奴只要有利可圖，就不會顧及禮義廉恥」。甚至舉例說明匈奴不懂禮義，讓青壯年先食，老年人吃剩下的食物；兄弟若死，其他兄弟可以娶其妻為妻。在匈奴社會中理所當然，再自然不過的習俗，在漢民族眼裡，卻是違背倫常，大逆不道至極。

高帝乃使劉敬奉宗室女公主為單于閼氏，歲奉匈奴絮繒、酒米食物各有數，約為昆弟以和親，冒頓乃少止。——《史記·匈奴列傳》

自從漢高祖在白登山被圍七日逃出之後，漢朝和匈奴的關係，就變成了「約為昆弟以和親」，和匈奴以兄弟相稱，並以和親換得政治上的和平。和親政策已讓漢室蒙羞，與匈奴之間，誰兄誰弟彼此心中都有數。漢匈之間的關係，甚至轉為臣屬關係。除了將宗室公主嫁給單于，每年還得贈送匈奴一定數量的上等布料和食物。

朝中大臣每每討論到漢匈關係，都忍不住潸然淚下，便可知當時在漢朝群臣心中，漢匈關係是難解的椎心之痛。而這情況到文帝、景帝都依然存在，因為二帝主張休養生息政策，加上國力不夠強盛，無法出兵匈奴，和匈奴間的關係常是不對等的。

漢民族始終認為自己處在天下的中心，認為自己是天底下最優

秀的民族，其他的蠻夷之邦都是落後、野蠻之輩，無法和自己相比。從司馬遷的文字可看出，他也認同將蠻夷小國併入中國版圖，以完成君王一統天下的理想，讓天下都歸屬於中國。

　　經歷前兩任皇帝休養生息的政策，使國庫充裕，水到渠成的狀況下，漢武帝改變了對匈奴的政策。漢武帝沒有忘懷當時漢高祖所受的屈辱，加上好大喜功的個性，為了突破這種不對等關係，他親自率兵出征匈奴，稱為「馬邑之戰」。馬邑之戰之所以重要，是因為即便這次戰事沒有成功，卻是漢匈之間關係逆轉的開始。因為這場戰役扭轉了自漢高祖以來，百餘年漢匈之間的不對等關係，漢朝也不必再用和親政策去換取邊境的安寧。

　　李廣經歷了文帝、景帝、武帝，看著漢朝對待匈奴政策的轉變。從〈李將軍列傳〉中，我們可以看見漢匈關係的大略，也了解司馬遷的民族觀、政治觀，對《史記》之書寫概念 ──「究天人之際，通古今之變，成一家之言」── 有了粗淺的認識。

當史記的朋友

　　這本史書好厚呀！一直從遠古時代寫到西漢，又分門別類的介紹了不同的人物，從帝王、侯爵、將士一直到各式各樣的百姓，包山包海，真是一本百科全書式的史書，它就是《史記》。

　　《史記》是由西漢的司馬遷所編纂成的一部偉大史書。因為司馬遷的父親司馬談把修撰史書的工作，認為是自己的天職，收集了很多資料，想重新整理。可惜還沒有編寫，就過世了。臨終前他特別交代司馬遷，要繼續完成這項整理史料的工作。

　　司馬遷從小跟著父親閱讀許多相關的歷史古籍，打下了良好的根基；又在青年時期出外壯遊，到各地考察了許多風俗民情與古蹟。在父親過世後繼承了父親的遺命，開始編寫《史記》。當時是漢武帝統治管理漢朝的時期，由於漢武帝有非常良好的統御能力，漢朝的國力在當時達到鼎盛，而漢武帝也十分積極的向四方各民族進行交流與溝通。在這樣的氣氛下，司馬遷的《史記》也對此多加著墨，不僅記錄了漢民族的先祖與起源，也一併將中原以外各方民族的源起列入《史記》中。而從《史記》的〈李將軍列傳〉裡，更能看見漢武帝積極想收納四方、統御外族的野心。

　　和《史記》當朋友，你可以從中了解中華民族的生成、分化與融合，明白中原和四方各民族的互動與征伐的關係。不僅僅如此，你還可以從司馬遷生動與精采的描述中，認識各個不同人物，包括了中華民族的共祖黃帝、留下一曲悲歌的西楚霸王項羽、充滿刺激情節與俠義精神的刺客，或是為漢武帝帶兵出征匈奴，一生拼戰沙場卻留下遺恨的李廣等等。和《史記》當朋友，你還可以認識到司馬遷這一位偉大的歷史學家一生的經歷，學習他立史作傳的精神與宏觀的視野。

我是大導演

看完了史記的故事之後，
現在換你當導演。
請利用紅圈裡面的主題（將軍），
參考白圈裡的例子（例如：弓箭），
發揮你的聯想力，
在剩下的三個白圈中填入相關的詞語，
並利用這些詞語畫出一幅圖。

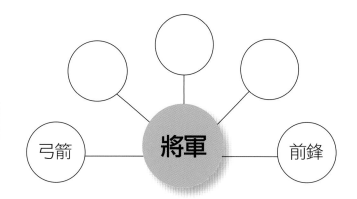

弓箭

將軍

前鋒

經典
少年遊

youth.classicsnow.net

◎ 少年是人生開始的階段。因此，少年也是人生最適合閱讀經典的時候。

　　因為，這個時候讀經典，可以為將來的人生旅程準備豐厚的資糧。

　　因為，這個時候讀經典，可以用輕鬆的心情探索其中壯麗的天地。

◎ 【經典少年遊】，每一種書，都包括兩個部分：「繪本」和「讀本」。

　　繪本在前，是感性的、圖像的，透過動人的故事，來描述這本經典最核心的精神。

　　小學低年級的孩子，自己就可以閱讀。

　　讀本在後，是理性的、文字的，透過對原典的分析與說明，讓讀者掌握這本經典最珍貴的知識。

　　小學生可以自己閱讀，或者，也適合由家長陪讀，提供輔助說明。

001 左傳　春秋時代的歷史
The Chronicle of Tso: The History of the Spring and Autumn Period

故事／林安德　原典解說／林安德　繪圖／柳俏

三公交會，引發了什麼樣的政治危機？兩個謀士互相鬥智，又造就了一段什麼樣的歷史故事？那是一個相互兼併與征伐的時代，同時也是個能言謀士輩出的時代。那些鬥爭與辯論，全都刻畫在《左傳》中。

002 史記　史家的絕唱
Records of the Grand Historian: The Pinnacle of Chinese Historiography

故事／林怡君　原典解說／林怡君　繪圖／袁靜

李廣「飛將軍」面對匈奴大軍毫無懼色，為漢朝立下許多戰功，卻未能獲得相稱的爵位，最後抱憾而終。從黃帝到漢武帝，不論是帝王將相、商賈名流，貫穿三千多年的歷史，《史記》成為千古傳頌的史家絕唱。

003 漢書　中原與四方的交流
Book of Han: Han Dynasty and its Neighbors

故事／王宇清　原典解說／王宇清　繪圖／李遠聰

張騫出使西域，不僅為漢朝捎來了塞外的消息，也傳遞了彼此的物產與文化，開拓一條史無前例的通道，成就一趟偉大的冒險。他的西域見聞，都記錄在《漢書》中，讓大家看見了草原與大漠，竟然是如此豐富美麗！

004 列女傳　儒家女性的代表
Kao-tsu of Han: The First Peasant Emperor

故事／林怡君　原典解說／林怡君　繪圖／楊小婷

她以身作則教孩子懂得禮法，這位偉大的母親就是魯季敬姜。不僅連孔子都多次讚譽她的美德，《列女傳》更記錄下她美好的德行，供後世永流傳。《列女傳》收集了中國歷代名女人的故事，呈現不同的女性風範。

005 後漢書　由盛轉衰的東漢
Book of Later Han: The Rise and Fall of Eastern Han

故事／王蕙瑄　原典解說／王蕙瑄　繪圖／李莎莎

《後漢書》記錄了東漢衰敗的過程：年幼的皇帝即位，而外戚掌握實權。等到皇帝長大了，便聯合身邊最信任的宦官，奪回權力。漢桓帝不相信身邊的大臣，卻事事聽從甜言蜜語的宦官，造成了嚴重的「黨錮之禍」。

006 三國志　三分天下始末
Record of the Three Kingdoms: The Beginning of the Three Kingdoms Period

故事／子魚　原典解說／子魚　繪圖／Summer

曹操崛起，一統天下的野心，卻在赤壁遭受挫折，僅能雄霸北方，留下三國鼎立的遺憾。江山流轉，近百年的分裂也終將結束，西晉一統三國，三國的分合，盡在《三國志》。

007 新五代史　享樂亂政的五代
New History of the Five Dynasties: The Age of Chaos and Extravagance

故事／呂淑敏　原典解說／呂淑敏　繪圖／王韶薇

李存勗驍勇善戰，建立後唐，史稱後唐莊宗。只是他上任後就完全懈怠，和伶官一起唱戲作曲，過著逍遙生活。看歐陽修在《新五代史》中，如何重現後唐莊宗從勇奮到荒唐的過程。

008 資治通鑑　帝王的教科書
Comprehensive Mirror for Aid in Government: The Guidance for Emperors

故事／子魚　原典解說／子魚　繪圖／傅馨逸

唐太宗開啟了唐朝的黃金時期。從玄武門之變到貞觀之治，這條君王之路，悉數收錄在《資治通鑑》中。翻開《資治通鑑》，各朝各代的明君賢臣、良政苛政，皆羅列其中，成為帝王治世不可不讀的教科書。

◎ 【經典少年遊】，我們先出版一百種中國經典，共分八個主題系列：
詩詞曲、思想與哲學、小說與故事、人物傳記、歷史、探險與地理、生活與素養、科技。
每一個主題系列，都按時間順序來選擇代表性的經典書種。

◎ 每一個主題系列，我們都邀請相關的專家學者擔任編輯顧問，提供從選題到內容的建議與指導。
我們希望：孩子讀完一個系列，可以掌握這個主題的完整體系。讀完八個不同主題的系列，
可以不但對中國文化有多面向的認識，更可以體會跨界閱讀的樂趣，享受知識跨界激盪的樂趣。

◎ 如果説，歷史累積下來的經典形成了壯麗的山河，那麼【經典少年遊】就是希望我們每個人
都趁著年少，探索四面八方，拓展眼界，體會山河之美，建構自己的知識體系。
少年需要遊經典。
經典需要少年遊。

009 蒙古秘史　統一蒙古的成吉思汗
The Secret History of the Mongols: The Emergence of Genghis Khan
故事／姜子安　原典解説／姜子安　繪圖／李菁菁
北方的草原，一望無際，游牧民族在這裡停留又離去。成吉思汗在這裡
出生成長，統一各部族，開創蒙古帝國。《蒙古秘史》説出了成吉思汗
的一生，也讓我們看到了這片草原上的故事。

010 臺灣通史　開闢臺灣的先民足跡
A General History of Taiwan: Footprints of the First Pioneers
故事／趙予彤　原典解説／趙予彤　繪圖／周庭萱
《臺灣通史》，記錄了原住民狩獵山林，還有荷蘭人傳教通商，當然還
有漢人開荒闢地的故事。鄭成功在臺灣建立堡壘，作為根據地。雖然他
反清復明的心願無法實現，卻讓許多人在這裡創造屬於自己家園。

經典 少年遊

youth.classicsnow.net

002
史記 史家的絕唱
Records of the Grand Historian
The Pinnacle of Chinese Historiography

編輯顧問（姓名筆劃序）
王安憶　王汎森　江曉原　李歐梵　郝譽翔　陳平原
張隆溪　張臨生　葉嘉瑩　葛兆光　葛劍雄　鄭培凱

故事：林怡君
原典解說：林怡君
繪圖：袁靜
人時事地：曾柏偉

編輯：張瑜珊 張瓊文 鄧芳喬
美術設計：張士勇
美術編輯：顏一立
校對：陳佩伶

企畫：網路與書股份有限公司
出版者：大塊文化出版股份有限公司
台北市10550南京東路四段25號11樓
www.locuspublishing.com
讀者服務專線：0800-006689
TEL：+886-2-87123898
FAX：+886-2-87123897
郵撥帳號：18955675
戶名：大塊文化出版股份有限公司
法律顧問：全理法律事務所董安丹律師

總經銷：大和書報圖書股份有限公司
地址：新北市新莊區五工五路2號
TEL：+886-2-8990-2588
FAX：+886-2-2290-1658
製版：沈氏藝術印刷股份有限公司

初版一刷：2013年4月
定價：新台幣299元